TOP-WISSEN

Dinosaurier

Nelson

Nützliche Internetseiten

Wenn du noch mehr erfahren willst, klicke folgende Internetseiten an:

www.dinosaurier-web.de
Hier sind sämtliche bekannten Dinosaurierarten mit vielen spannenden Informationen und Bildern aufgeführt.

www.dinosaurier-interesse.de
Auf den Kinderseiten findest du Bilder zum Ausmalen, ein lustiges Quiz und ein Lexikon.

http://www.blinde-kuh.de/spiele/paaerchen/dinos/
Hier kannst du Dinosaurier-Memory spielen.

http://www.geolino.de
Hier findest du interessante Texte und Spieletests und kannst mit anderen Kindern chatten.

http://www.blinde-kuh.de
Die Suchmaschine hat neben Surftipps auch eine Reihe an Spielen und interessanten Themen zu bieten.

http://www.tivi.de
Es erwarten dich lustige Online-Spiele und spannende Videos. Außerdem kannst du deiner Kreativität freien Lauf lassen.

http://www.wdr.de/tv/wissen-macht-ah
Hier findest du kuriose Rezepte zum Nachkochen und Anleitungen für spannende Experimente.

http://www.wasistwas.de
Deine Fragen werden in kleinen Filmen, lustigen Spielen und leicht verständlichen Texten beantwortet.

http://www.news4kids.de
Aktuelle Informationen aus der ganzen Welt werden in kurzen und einfachen Texten präsentiert.

http://www.kindernetz.de
Hier gibt es Wissenstexte, weitere Internet-Links und interaktive Möglichkeiten.

http://www.helles-koepfchen.de
Neben der Suchmaschine gibt es für dich auf dieser Seite die Möglichkeit, deine eigene Meinung zu äußern und an einem Quiz teilzunehmen.

http://www.lilipuz.de
Beweg dich in einem virtuellen Zimmer und hör dir die lustigen und spannenden Geschichten an.

Autor: John Cooper
Illustrationen: Peter Bull
Gestaltung: Chris Leishman
Titelgestaltung: Clare Sleven
Redaktion: Rasha Elsaeed
Gestaltungsassistent: Gemma Cooper

Zuerst erschienen in englischer Sprache:

Übersetzung aus dem Englischen: Gea Olbricht
Adaption: lüra - Klemt & Mues GbR, Wuppertal

Für die deutschsprachige Ausgabe:

Nelson ist ein Projekt der Librofino GmbH, Alsdorf

www.nelson-verlag.de

ISBN 3-86606-312-1
Printed in China.

Inhalt

Was sind Dinosaurier?

Ein merkwürdiges Reptil war das Longisquama. Es lebte in Asien vor 240 Millionen Jahren. Es war 15 cm lang und trug Schuppen auf seinem Rücken.

Dinosaurier lebten vor Millionen von Jahren. Sie gehörten genauso wie Schlangen, Schildkröten, Krokodile und Alligatoren zu den Reptilien.

F Wie viele verschiedene Arten von Dinosauriern gibt es?

A Wissenschaftler haben die Dinosaurier in Gruppen eingeteilt:

THEROPODA Alle Fleisch fressenden, zweibeinigen Dinosaurier wie Tyrannosaurus.

SAUROPODA Die riesigen, Pflanzen fressenden Dinosaurier wie Apatosaurus und Diplodocus.

ORNITHOPODA Kleinere, Pflanzen fressende Dinosaurier, die auf zwei Beinen liefen wie Iguanodon, und die Entenschnabel-Dinosaurier oder Hadrosaurier, z. B. Tsintaosaurus.

CERATOPIA Die Horndinosaurier wie Triceratops, alle Pflanzenfresser.

STEGOSAURIA Die Dinosaurier, die mit Knochenplatten gepanzert waren wie z. B. der Stegosaurus. Sie fraßen Pflanzen und liefen auf vier Beinen.

ANKYLOSAURIA Zu dieser Gruppe gehörten auch andere gepanzerte Dinosaurier wie Nodosaurus. Genau wie Stegosaurier waren sie Pflanzenfresser und Vierbeiner.

PACHYCEPHALOSAURIA Der Name bedeutet Dickkopfechse und beschreibt Dinosaurier mit verdickten Schädeln. Pachycephalosaurus ist der bekannteste.

F Wann lebten die Dinosaurier?

A Dinosaurier lebten im so genannten Mesozoikum (Reptilienzeitalter). Es begann vor 228 Mio. Jahren und endete vor 64 Mio. Jahren. Kein Mensch hat je einen Dinosaurier zu Gesicht bekommen, weil die ersten Vorfahren des Menschen erst vor 4 Millionen Jahren lebten.

F Waren Dinosaurier die ersten Reptilien?

A Vor den Dinosauriern lebten schon andere Reptilien. Das älteste bekannte Reptil wurde 1989 in Schottland gefunden. Es befand sich in Felsen, die 335 Millionen Jahre alt sind.

Tanystropheus war ein drei Meter langes Reptil, das vor 250 Millionen Jahren lebte. Sein Hals war sehr lang.

Die gespreizten Beine eines frühen Reptils (links) und die aufrechten Beine eines Dinosauriers (rechts).

F Woher kamen die Dinosaurier?

A Funde belegen, dass eine Gruppe von Reptilien vor 230 Millionen Jahren im heutigen Argentinien einen neuen Laufstil entwickelte.

Statt wie ein Krokodil zu laufen, hielten sie beim Laufen die Beine direkt unter dem Körper, wie die Dinosaurier. Ein Reptil mit dem Namen *Lagosuchus* könnte der Vorfahre aller Dinosaurier gewesen sein.

F Wie kann man Dinosaurier von anderen Reptilien unterscheiden?

A Dinosaurier hatten zwei wichtige Merkmale. Erstens lebten alle an Land. Und zweitens liefen sie aufrecht. Alle anderen Reptilien, ob fossil – also alt und versteinert – oder die heutigen, bewegen sich anders fort.

F Lebten alle Dinosaurier zur gleichen Zeit?

A Die Dinosaurier lebten während des gesamten Mesozoikums. Verschiedene Arten lebten zu unterschiedlichen Zeiten.

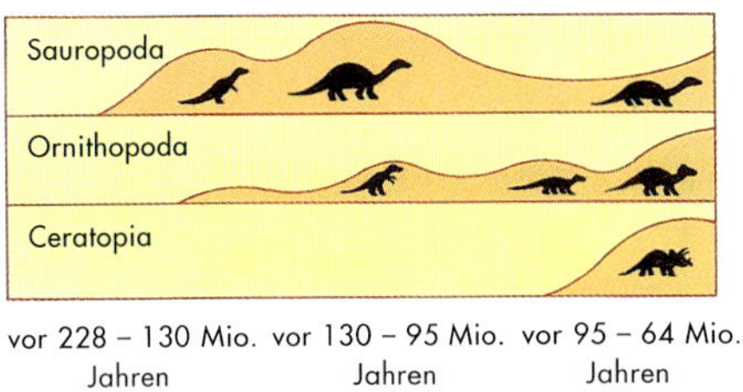

F Welcher war der allererste Dinosaurier?

A Der älteste bekannte Dinosaurier wurde 1991 in Argentinien gefunden. Dieser *Eoraptor* genannte Dinosaurier lebte vor 228 Millionen Jahren. Mit einer Körperlänge von über einem Meter war er etwa so groß wie ein Hund. Andere frühe Dinosaurier wurden in Südamerika gefunden. Es kann sein, dass noch ältere entdeckt werden.

In Westeuropa wurden Skelette von Plateosauriern in größeren Ansammlungen gefunden. Sie waren wahrscheinlich in Herden unterwegs.

Wo lebten die Dinosaurier?

Fossile Dinosaurier wurden auf allen Kontinenten entdeckt, sogar in der Antarktis. Aber seit der Zeit der ersten Dinosaurier haben sich die Kontinente stark verschoben.

Plateosaurus

F **Gab es Dinosaurier, die überall auf der Welt vorkamen?**

A Keine einzige Dinosaurierart kam weltweit vor. Einige Gruppen von Dinosauriern waren viel weiter verbreitet als andere. *Plateosaurus* gehört zu einer kleinen Gruppe, die man Prosauropoda nennt. Diese und ihre nahen Verwandten fand man in Amerika, Deutschland und Südafrika.

F **Wo lebte *Tyrannosaurus*?**

A *Tyrannosaurus rex* ist der Dinosaurier, den jeder kennt. Dabei gibt es nur sehr wenige Skelette, und die meisten sind unvollständig. Alle wurden in den USA gefunden, vor allem in Montana.

F **Wurden in jedem Land Dinosaurier gefunden?**

A Nein, aber in vielen. Berühmte Funde stammen aus den heutigen USA, Südamerika, Kanada, Tansania, China, Australien, Indien, der Mongolei und vielen europäischen Ländern.

Auch heute sind die Kontinente noch in Bewegung. Nordamerika und Europa entfernen sich so schnell voneinander, wie ein Fingernagel wächst.

Die Schädelknochen der Pachycephalosaurus waren bis zu 25 cm dick. Wahrscheinlich gingen diese Saurier beim Kampf mit gesenkten Köpfen aufeinander los.

F **Wieso konnten dieselben Dinosaurierarten auf verschiedenen Kontinenten leben?**

A Vor vielen Millionen Jahren waren die Kontinente nicht getrennt. Sie bewegten sich erst später langsam voneinander weg. Deshalb ist der *Brachiosaurus* auf zwei Kontinenten gefunden worden, in Afrika und in Nordamerika. Als er lebte, waren diese beiden noch ein Kontinent.

F **Hatten die Dinosaurier ein Zuhause?**

A Die größten Dinosaurier könnten Lieblingsschlafplätze an Waldrändern oder unter Felsen gehabt haben. Die kleineren ließen sich vielleicht an Orten nieder, wo sie sicher vor Feinden waren.

F **Lebten die Dinosaurier immer am selben Ort?**

A Einige Pflanzen fressende Dinosaurier sind auf der Suche nach frischem Grün umhergewandert.

F **Haben die Dinosaurier in der Antarktis gefroren?**

A In der Zeit der Dinosaurier war es auf der Erde viel wärmer. Der Kontinent, den wir heute Antarktika nennen, lag viel näher am Äquator. Die Dinosaurier haben bestimmt kein Eis gesehen! Reptilien können nämlich in sehr kaltem Klima nicht überleben.

Welche Funde gab es zuerst?

Als Gideon Mantell die von ihm zuerst gefundenen großen Dinosaurierzähne anderen Forschern zeigte, hielt man sie für Nashornzähne!

Anfang des 19. Jahrhunderts fand man in Südengland einige merkwürdige Fossilien. Sie stammten von Lebewesen, die für die Wissenschaft unbekannt waren. Niemand wusste, wie diese Lebewesen ausgesehen hatten.

F **Wann wurden die ersten Dinosaurier gefunden?**

A Gideon Mantell, ein Arzt aus Sussex, fand 1822 den Zahn eines Iguanodon. 1924 beschrieb William Buckland einige Knochen und nannte sie Megalosaurus. Nach diesen Entdeckungen begannen viele Wissenschaftler mit der Jagd nach fossilen Knochen der Riesenechsen.

F **Warum hat sie vorher niemand gefunden?**

A Heute weiß man, dass schon früher Dinosaurierknochen gefunden wurden. Aber die Menschen wussten noch nichts von Sauriern. Man glaubte, sie stammten von einem riesigen Mann!

Iguanodon bekam seinen Namen, weil er den Meeresechsen der Galapagosinseln ähnelt, den Iguanas.

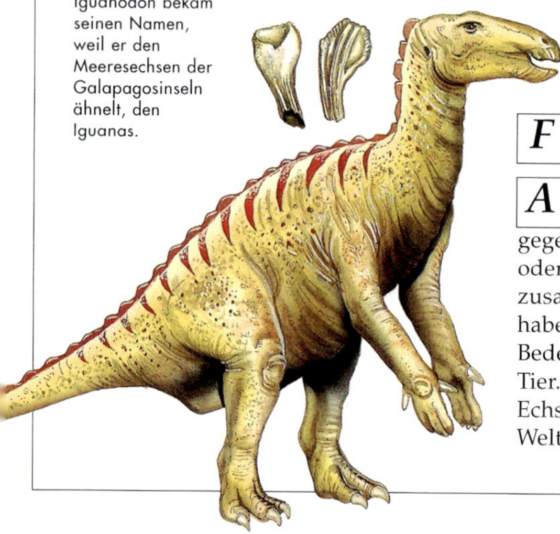

F **Warum haben Dinosaurier so seltsame Namen?**

A Jedem Dinosaurier wird ein wissenschaftlicher Name gegeben, der sich aus lateinischen oder altgriechischen Worten zusammensetzt. Diese Namen haben meist eine bestimmte Bedeutung und beschreiben das Tier. *Megalosaurus* heißt „große Echse“. Forscher auf der ganzen Welt benutzen dieselben Namen.

Die Schwarzfuß-Indianer aus Kanada glaubten Jahrhunderte lang, dass die Dinosaurierknochen, die sie fanden, von ihren Vorfahren stammten.

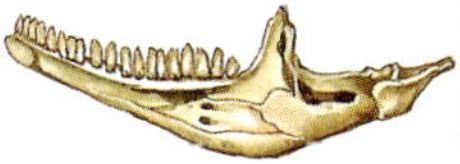

2.000 Jahre lang wurden Dinosaurierknochen von chinesischen Ärzten gesammelt. Man glaubte, dass sie von Drachen stammten. Sie wurden zermahlen und als Arznei benutzt.

F Wie stellte man sich früher Dinosaurier vor?

A Gideon Mantell zeichnete 1835 das erste Abbild eines Dinosauriers. Er glaubte zuerst, dass der *Iguanodon* eine 21 m lange Riesenechse gewesen sein musste. Wir wissen heute, dass er etwa eine Länge von 10 m hatte. Im Jahr 1854 wurden verschiedene lebensgroße Modelle von Dinosauriern gebaut, die es zum Teil heute noch gibt.

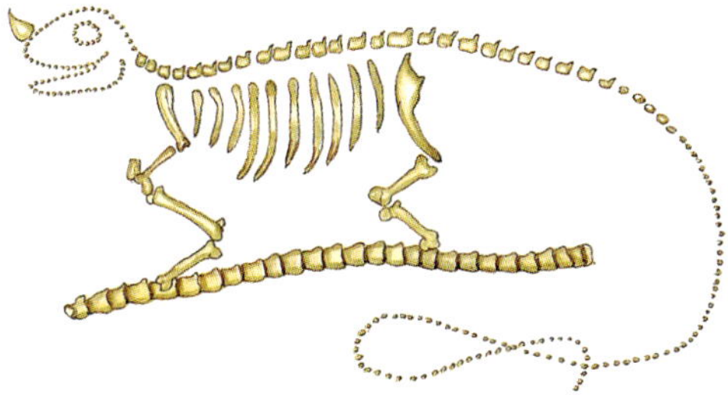

F Wann wurde das erste vollständige Skelett gefunden?

A Der erste Fund war einer der aufregendsten überhaupt. 1878 wurden 40 Skelette von *Iguanodon* in einer Kohlenmine in Belgien entdeckt.

Megalosaurus war der erste Dinosaurier mit wissenschaftlichem Namen.

F Woher kommt der Name Dinosaurier?

A Dinosaurier bedeutet „schreckliche Echse". 1842 dachte sich der berühmte Forscher Richard Owen diesen Namen aus.

F Welcher Dinosaurier wurde in Nordamerika als erster entdeckt?

A Unmengen von Dinosauriern wurden bisher in Nordamerika gefunden. Der erste Fund war ein früher Sauropode mit Namen *Anchisaurus*. Einige Teile wurden 1818 gefunden und man hielt sie für menschliche Knochen. 1855 erkannte man, dass sie zu einem Reptil gehörten.

Wie sahen Dinosaurier aus?

Das Schulterblatt des Supersaurus war 2,5 m lang.

Wenn vollständige Skelette vorliegen, können Wissenschaftler die Knochen in der richtigen Reihenfolge wieder zusammenfügen. Aber kann man an deinem Skelett erkennen, wie du wirklich aussiehst?

F Woher weiß man, wie die Knochen zusammengesetzt werden?

A Wenn die Wissenschaftler Skelette von Dinosauriern zusammensetzen, nutzen sie ihr Wissen über andere Tiere. Lange Zeit wurden dabei aber viele Fehler gemacht. 100 Jahre lang setzte man *Apatosaurus* sogar einen falschen Kopf auf, da er ohne Kopf gefunden worden war.

F Waren Dinosaurier dick?

A Es ist schwer zu sagen, ob sie dick oder dünn waren, denn die Fossilien bestehen meist nur aus den Knochen oder Zähnen. Um sich vorzustellen, wie sie aussahen, muss man sie deshalb mit heutigen Tieren vergleichen. Elefanten, Flusspferde und Rinder besitzen große Bäuche. So dick werden auch Pflanzen fressende Dinosaurier gewesen sein. Kleinere Dinosaurier mussten schlanker sein, damit sie sich schneller bewegen konnten.

Bis vor etwa 100 Jahren dachten einige Forscher, dass Diplodocus wie eine Echse mit gespreizten Beinen lief. Aber dann hätte seine Brust über den Boden geschleift.

F Wer war der kleinste Dinosaurier?

A Der vielleicht kleinste Dinosaurier war *Compsognathus*. Ausgewachsen erreichte er eine Länge von 70 cm, dabei gehörte das meiste zu seinem Schwanz.

Compsognathus

Mamenchisaurus war 22 m lang, sein Hals allein 10 m. Er lebte vor 160 Millionen Jahren im heutigen China.

Gideon Mantell fand einen merkwürdigen, dornenförmigen Knochen. Er vermutete, dass dieser das Horn von Iguanodon gewesen sei. Aber es war ein Daumen!

F **Wie sah die Haut der Dinosaurier aus?**

A Nur wenig Dinosaurierhaut ist bisher gefunden worden. Sie bestand

aus sehr kleinen, wasserdichten Schuppen. Manchmal waren die Schuppen mit Platten gepanzert.

F **Wer war der größte Dinosaurier?**

A Das größte bekannte und vollständige Skelett stammt von einem *Brachiosaurus*. Es ist 12 m hoch, 23 m lang und wiegt 70 Tonnen. Der längste bekannte Dinosaurier ist *Diplodocus*, dessen Skelett bis zu 27 m lang ist. Aber einige neue Funde aus Colorado und Neumexiko könnten zu noch größeren Dinosauriern gehören. *Supersaurus*, *Ultrasaurus* und der größte unter ihnen, *Seismosaurus*, waren wirklich gewaltig. Dieser *Seismosaurus* würde *Diplodocus* ähneln, wäre aber 36 m lang und bis zu 130 Tonnen schwer! Er wäre dann das größte Tier, das jemals auf der Erde gelebt hat.

F **Wie können sich die Forscher sicher sein, dass sie Dinosaurier richtig darstellen?**

A Wir können nie sicher sein, wie Dinosaurier ausgesehen haben. Wissenschaftler streiten noch immer darüber, welche Form viele der Dinosaurier hatten. Selbst so gut bekannte Dinosaurier wie *Iguanodon* werden unterschiedlich dargestellt.

F **Welche Farbe hatten Dinosaurier?**

A An der fossilen Haut erkennt man nicht, welche Farbe sie hatte. Heutige Echsen tragen vielfältige Farben und Muster. Dinosaurier könnten genauso ausgesehen haben. Mit leuchtenden Farbflecken könnten sich die Dinosaurier gegenseitig erkannt und gewarnt haben. Die Pflanzen fressenden Dinosaurier waren wahrscheinlich getarnt. Aber wären wir darauf gekommen, dass Zebras Streifen haben, wenn wir nur ihre Knochen untersucht hätten?

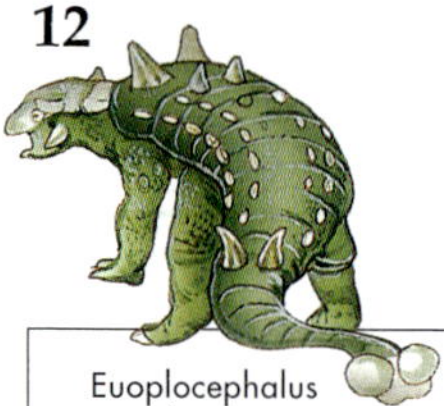

Was fraßen Dinosaurier?

Euoplocephalus zerschmetterte seine Angreifer mit der Knochenkeule an seinem Schwanz.

Einige Dinosaurier fraßen nur Pflanzen, die so genannten Herbivora. Fleischfresser werden Carnivora genannt.

Einige Dinosaurier besaßen bis zu 2.000 Zähne.

F **Welche Dinosaurier fraßen nur Pflanzen?**

A Die Mehrzahl der Dinosaurier fraß Pflanzen. Die riesigen Sauropoda, die größten Dinosaurier, hatten lange Körper, Schwänze und Hälse und ihre kleinen Köpfe trugen spezielle Zähne zum Abweiden. Ihre langen Hälse reichten bis hoch in die Bäume.

Dinosaurier fraßen kein Gras. Gras entwickelte sich erst, nachdem die Dinosaurier ausgestorben waren.

Diplodocus

F **Wie kann man feststellen, wie sich die Dinosaurier ernährten?**

A Fossile, also versteinerte, Zähne und Kiefer liefern die wichtigsten Hinweise. Schmale, gebogene, scharfe

Zähne stammen von Fleischfressern wie *Tyrannosaurus*. Pflanzenfresser hatten flachere, mahlende Zähne wie *Camarasaurus*, oder scharfe, schneidende Zähne wie *Iquanodon*. *Ceratopia* hatten Schnäbel, um Blätter abzureißen.

F **Wie schützten sich die Dinosaurier vor Angreifern?**

A Viele Dinosaurier wurden durch Panzer geschützt. Sie bestanden aus Knochenplatten, Horn und Dornen.

Stegosaurus

Pflanzen fressende Dinosaurier schluckten Steine, die im Magen beim Zermahlen der Blätter halfen.

Aus fossilen Kothaufen von Dinosauriern konnte man mehr über ihre Nahrung erfahren. Aber welcher Haufen gehörte zu welchem Dinosaurier?

F Wie jagten Dinosaurier?

A Carnivore Dinosaurier besaßen scharfe Krallen und scharfe Zähne. Beide hätten sich gut als Waffe geeignet. Einige große Fleischfresser wie *Tyrannosaurus* setzten möglicherweise ihren schweren Kopf als Rammbock ein.

F Fraßen sich die Dinosaurier gegenseitig?

A Einige Fleischfresser waren schnell und jagten andere Dinosaurier, sogar ihre eigene Art. Sie könnten in Rudeln, wie Hyänen, gejagt haben. Kleine Skelette von *Coelophysis* wurden in einem ausgewachsenen Exemplar entdeckt. Große Fleischfresser wie *Tyrannosaurus* waren zu schwer, um Beute zu jagen. Sie ernährten sich von toten oder langsamen Dinosauriern.

F Wie viel fraßen die Dinosaurier?

A Pflanzen fressende Dinosaurier fraßen fast die ganze Zeit, um sich ausreichend zu ernähren. *Diplodocus* fraß etwa eine Tonne Blätter pro Tag! Die Nahrung der Fleisch fressenden Dinosaurier war gehaltvoller, so mussten sie nicht solche Mengen aufnehmen.

F Was stand noch auf dem Speiseplan der Dinosaurier?

A Kleine Reptilien, Vögel, Fische und Insekten dienten ihnen als Mahlzeit.

Die Zähne von Tyrannosaurus waren 15 cm lang und sehr scharf. Er zerteilte damit Fleisch.

Niemand weiß, wozu Tyrannosaurus seine kurzen Arme benutzte, denn sie reichten ihm nicht mal bis zum Maul!

Tyrannosaurus war 14 m lang und hatte eine Höhe von 6 m.

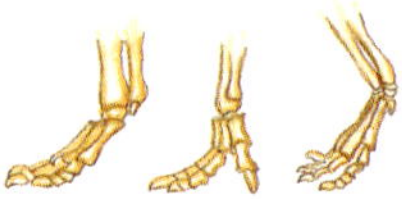

Waren Saurier schnell?

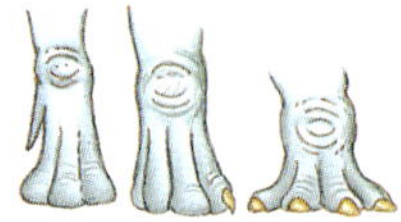

Die Lage der Knochen von Knöcheln und Füßen zeigt, dass alle Saurier außer den Sauropoda und den Stegosauria rennen konnten. Außerdem beweisen die Fußabdrücke, dass sie es taten.

F **Wie schnell konnten Dinosaurier rennen?**

A Eine Fußspur von *Tyrannosaurus* zeigt, dass er ein angreifendes Nashorn hätte überholen können. Das wären aber trotzdem höchstens 48 km/h gewesen. Der schnellste unter ihnen war ein kleiner, zweibeiniger Dinosaurier, dessen Fußspuren belegen, dass er fast 72 km/h erreichte. Aber leider weiß man nicht, wer es war! Die großen Sauropoden wie *Apatosaurus* bewegten sich mit einer höchsten Geschwindigkeit von 5 – 8 km/h.

F **Haben Dinosaurier andere Spuren als ihre Fußabdrücke hinterlassen?**

A In seltenen Fällen wurden Spuren von Dinosaurierschwänzen gefunden, die über den Boden geschleift waren. Man geht davon aus, dass die Schwänze eigentlich in die Luft gehalten wurden.

Genau wie Löwen Zebras jagen, verfolgten die Fleisch fressenden Dinosaurier die Pflanzen fressenden Dinosaurier. Diese rannten vor ihnen davon.

F **Konnten Dinosaurier hüpfen oder springen?**

A Man glaubte einmal, Fußabdrücke eines hüpfenden Dinosauriers gefunden zu haben. Aber sie stellten sich als die Spuren einer Schildkröte heraus. Man fand auch Fußspuren eines Dinosauriers, dem eine Zehe fehlte, und eines anderen, der hinkte. Die Forscher glauben, dass zumindest die Vierbeiner (Therapoda) springen konnten, aber es gibt keinen Beweis dafür. 99 von 100 Fußspuren zeigen gehende Dinosaurier.

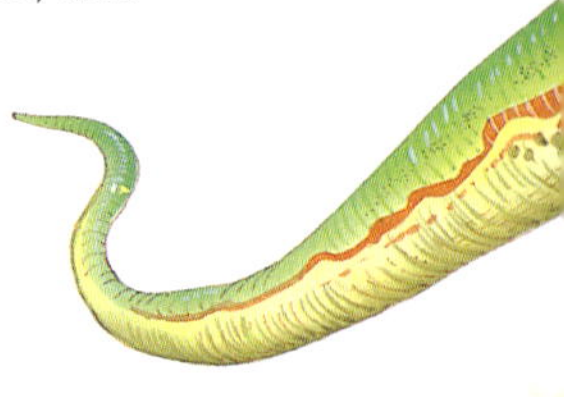

Fossile Fußspuren geben uns über die Form des Fußes Aufschluss und auch über das Gewicht und die Geschwindigkeit der Dinosaurier.

Obwohl viele Dinosaurier gut rennen konnten, ist nicht sicher, nach welcher Zeit sie erschöpft waren.

F **Wo wurden Fußabdrücke gefunden?**

A Weltweit gibt es etwa 1.000 Orte, an denen Spuren von Dinosauriern gefunden wurden. Einer der bekanntesten ist die 100 Millionen Jahre alte Felsengruppe auf der Davenport Ranch in Texas. Dort und ringsum fand man tausende Fußspuren.

F **Gibt es Fußspuren von jungen Dinosauriern?**

A Spuren in Texas zeigen die Fährten von 23 Sauropoda, die offenbar als Herde unterwegs waren. Viele Spuren sind ziemlich klein, wahrscheinlich von Jungen. Die größeren Herdenmitglieder marschierten an der Spitze und an den Seiten, die kleineren liefen geschützt in der Mitte.

F **Wie werden Fußabdrücke fossil?**

A Die Dinosaurier hinterließen beim Durchqueren von schlammigen Gewässern ihre Fußabdrücke. Der Schlamm trocknete in der heißen Sonne und die nächste Flut spülte noch mehr Schlamm hinein. Doch die Abdrücke blieben erhalten.

Lesothosaurus

F **Welche Dinosaurier konnten am schnellsten rennen?**

A Die schnellsten Dinosaurier besaßen zwei lange Hinterbeine und waren schmal und klein. *Hypsilophodon* und *Lesothosaurus* waren Pflanzenfresser, die sehr schnell rennen konnten.

Schwammen Dinosaurier?

Plesiosaurier besaßen lange Hälse, kurze Körper und Gliedmaßen, die wie Paddel geformt waren.

Genau wie die heutigen an Land lebenden Tiere, wie z. B. Elefanten, Flusspferde und Büffel, paddelten und schwammen auch die Saurier gern im Wasser.

F Gab es Dinosaurier, die halb im Wasser und halb an Land lebten?

A Man dachte früher, dass die schwersten Dinosaurier wie *Brachiosaurus* und *Apatosaurus* zu groß waren, um ihr eigenes Gewicht an Land tragen zu können, und deshalb teilweise im Wasser gelebt hätten. Wissenschaftler haben nun berechnet, dass ihre Beinknochen stark genug waren, sie auch an Land zu stützen.

F Falls das Monster von Loch Ness wirklich existiert, müsste es nicht ein schwimmender Dinosaurier sein?

A Wenn man Nessie wirklich finden und beweisen würde, dass sie ein Reptil ist, dann wäre sie mit hoher Wahrscheinlichkeit ein *Plesiosaurier*, *Ichthyosaurier* oder *Pliosaurier*. Alle diese Saurier lebten nämlich im Meer.

F Gab es Dinosaurier, die immer nur im Wasser lebten?

A Im Moment hat man noch keine Beweise dafür. Aber von den langen Hälsen von Dinosauriern wie *Mamenchisaurus* dachte man ursprünglich auch, dass sie zum Atmen in tiefem Wasser nützlich wären. Später fand man heraus, dass die Lungen wegen des Wasserdrucks in 10 m Tiefe nicht mehr funktionieren.

Apatosaurus wird von Allosaurus gejagt

Ichthyosaurier sahen den heutigen Haien und Delfinen ähnlich.

Viele Lebewesen wie Hunde, Elefanten, Eisbären und sogar Kühe können schwimmen. Sie brauchen weder Flossen noch Schwimmhäute. Genauso hätten auch Dinosaurier schwimmen können.

F **Lebten die schwimmenden Reptilien zur selben Zeit wie die Dinosaurier?**

A Während der Zeit der Dinosaurier kamen die Ichthyosaurier (Fischsaurier) und Plesiosaurier sehr häufig in den Weltmeeren vor. Es gab viele Arten, darunter die Pliosaurier und die Elasmosaurier. Der größte von allen war der *Kronosaurus*, der 13 m lang wurde.

F **Konnten sich die Dinosaurier im Wasser treiben lassen?**

A Eine Reihe von Fußspuren von *Brontosaurus* zeigen nur die Abdrücke von den Vorderfüßen. Es scheint, als habe sich der Dinosaurier in einem See treiben lassen. Dabei hat er sich wahrscheinlich nur mit seinen Vorderfüßen abgedrückt.

F **Fanden die Dinosaurier unter Wasser Nahrung?**

A Vielleicht, denn Wasserpflanzen geben eine gute Nahrung ab. Manche Dinosaurier haben möglicherweise wie Flusspferde oder Enten im flachen Wasser gefressen. Der lange, hohle Kamm von *Parasaurolophus* wurde für eine Art Schnorchel gehalten, der beim Fressen unter Wasser eingesetzt wurde.

F **Hatte irgendein Dinosaurier Flossen zum Schwimmen?**

A Eine Art von *Compsognathus*, die in Deutschland gefunden wurde, scheint flossenähnliche Vorderbeine gehabt zu haben. Niemand weiß das sicher, aber vielleicht halfen die Flossen, bei der Jagd oder auf der Flucht besonders schnell zu schwimmen.

Konnten Saurier fliegen?

Longisquama schwebte mit seinen schuppigen Flügeln.

Die Skelette von einigen kleinen Dinosaurierarten ähneln dem von Archaeopteryx, dem ältesten bekannten Vogel. Diejenigen Dinosaurier, die die Vorfahren der Vögel sind, müssen die Fähigkeit zum Fliegen über kurze Entfernungen entwickelt haben.

F Wie gut konnte Archaeopteryx fliegen?

A Wahrscheinlich nicht sehr gut. Verglichen mit heutigen Vögeln waren seine Muskeln schwach und er war schwerer. Sein knochiger, mit Federn besetzter Schwanz diente als Ruder. Er half ihm, bei seinen Gleitflügen zu lenken.

F Wie bekamen Dinosaurier Federn?

A Reptilienschuppen wie bei Schlangen oder Eidechsen könnten „federig" geworden sein, um die kleineren Dinosaurier warm zu halten. Erst später erwiesen sie sich als nützlich zum Fliegen.

F Wie lernten die Dinosaurier fliegen?

A Vielleicht begannen manche, wie viele andere Tiere (Frösche, Eichhörnchen oder Affen) zu springen und von Baum zu Baum zu gleiten. Das könnte beim Beutefang oder bei der Flucht vor Gefahr gewesen sein.

Archaeopteryx wurde in Felsen entdeckt, die 150 Millionen Jahre alt sind. An seinen fossilen Knochen gibt es Abdrücke von Federn, die zwei Flügel und einen Schwanz erkennen lassen.

Der Dodo lebte auf der Insel Mauritius im Indischen Ozean. Er war leicht zu erbeuten, weil er nicht fliegen konnte. Er wurde Ende des 16. Jahrhunderts ausgerottet.

F Wie konnten solche Riesen wie Dinosaurier fliegen?

A *Tyrannosaurus* hätte sich nie in die Lüfte schwingen können! Einige Carnivoren jedoch, wie *Compsognathus* und *Ornitholestes*, waren sehr klein, leicht gebaut und konnten schnell laufen. Vielleicht jagten sie kleine Eidechsen und Insekten und stiegen so im Laufe der Jahre in die Luft auf.

F Gibt es noch andere fossile Vögel?

A Fossilien von Vögeln sind sehr selten: Ihre leichten, hohlen Knochen versteinern nicht gut. Man hat Fossilien gefunden, die großen Schwalben, Straußen, Adlern und dem Dodo ähneln.

F Ist Pteranodon ein fliegender Dinosaurier?

A Nein. Obwohl er zur selben Zeit auf der Erde lebte wie die Dinosaurier, gehört *Pteranodon* zu einer Gruppe fliegender Reptilien, die Pterosaurier heißen.

Pteranodon

F Wie erlernten die Pterosaurier das Fliegen?

A Die Skelette der frühesten bekannten fliegenden Reptilien ähneln den alten Fleisch fressenden Reptilien, die vor den Dinosauriern lebten. Wie später die gefiederten Dinosaurier erkletterten sie vielleicht Bäume und lernten dadurch zu gleiten.

Wenn Eier von Dinosauriern gefunden werden, kann man nicht immer sicher sagen, wer sie gelegt hat.

Hatten Dinosaurier Junge?

Alle Lebewesen pflanzen sich fort, dabei bildeten die Dinosaurier keine Ausnahme. Vermutlich legten sie wie die heutigen Reptilien Eier.

F Hat man schon fossile Dinosaurier-Eier gefunden?

A Ja. Die ersten Eierfunde machte man 1921 in der Wüste Gobi in der Mongolei. Die Eier lagen in Nestern und wurden zusammen mit dem Skelett des kleinen Horndinosauriers *Protoceratops* entdeckt.

eine Maiasaura-Mutter mit ihren Jungen

F Legten alle Dinosaurier Eier?

A Fossile Eier wurden zusammen mit Sauropoda, Ceratopia (Horndinosaurier) und anderen Dinosauriern gefunden. Trotzdem sind sie selten. Von den meisten Dinosauriern gibt es keine Eier. Man geht jedoch davon aus, dass alle Dinosaurier Eier legten.

F Wie sehen Dinosauriereier aus?

A Anders als die heutigen Reptilien legten Dinosaurier offenbar Eier mit einer harten Schale. Sie waren oval, an einem Ende stumpf und trugen eine faltige Oberfläche. Im Fall von *Protoceratops* lagen mehr als 30 Stück gleichzeitig in einem Nest. Sie waren etwa 20 cm lang. Andere Eier hatten mit 120 bis 170 mm ungefähr die Größe von Straußeneiern.

Eier von den Dinosauriern Orodromeus und Troodon wurden geröntgt. Man konnte darin winzige fossile Knochen von Embryos erkennen.

Einige Fossilien von Chasmosaurus geben Hinweise darauf, dass die Herde einen Schutzkreis um die Jungen zog, um sie vor Angriffen zu schützen.

eine Herde von Chasmosaurus

F Waren Dinosaurier gute Eltern?

A Die Überreste von *Maiasaura*-Küken wurden in Montana gefunden. Obwohl ihre Zähne vom Fressen schon leicht abgenutzt waren, saßen sie noch im Nest. Sie müssen also noch von ihren Eltern gefüttert worden sein, bis sie alt genug waren, ihr Zuhause zu verlassen.

F Wie konnten junge Dinosaurier Vater und Mutter unterscheiden?

A Wissenschaftler können nur schätzen, ob ein Skelett von einem Männchen oder einem Weibchen stammt. Bei einigen Funden kann man größere Skelette unterscheiden, die vielleicht die Männchen waren. Die jungen Dinosaurier kannten sicher den Unterschied.

F Gibt es Fossilien von Dinosaurierbabys?

A Das kleinste Skelett eines Dinosauriers ist nur 20 cm lang, also so groß wie eine Amsel. Man nannte ihn *Mussaurus* (Mausechse), aber eigentlich ist er das Küken eines noch unbekannten Dinosauriers. Von *Protoceratops*, *Maiasaura*, *Psittacosaurus* und *Coelophysis* wurden auch Küken gefunden.

Maiasauraküken

F Legten die riesigen Sauropoda auch riesige Eier?

A Die größten Eier, die man fand, wogen 7 kg – verglichen mit den 20 Tonnen eines Sauropden nicht viel.

Hätte Stenonychosaurus so ausgesehen, wenn er sich weiterentwickelt hätte?

Waren Dinosaurier schlau?

Die ersten Entdecker des Apatosaurus und des Diplodocus waren sehr überrascht von den im Vergleich zu den Körpern kleinen Köpfen. Sie meinten, mit so winzigen Hirnen hätten die Dinosaurier nur wenig Intelligenz gehabt. Heute ist man sich da nicht mehr sicher.

F Wer war der klügste Dinosaurier?

A Vom Größenvergleich her müsste *Stenonychosaurus* der klügste Dinosaurier gewesen sein. Sein Gehirn ist im Verhältnis zum Körper etwa so groß wie das von einigen Säugetieren.

F Bedeutet ein großes Gehirn, dass ein Dinosaurier klug war?

A Das Gehirn kontrolliert das Verhalten, die Sinne und die Geschicklichkeit. Die kleinen Fleisch fressenden Dinosaurier besaßen verglichen mit ihrer Körpergröße ein großes Gehirn. Deshalb konnten sie gut sehen, sich wendig bewegen und lernten schnell, Beute zu jagen und zu fangen.

Stenonychosaurus

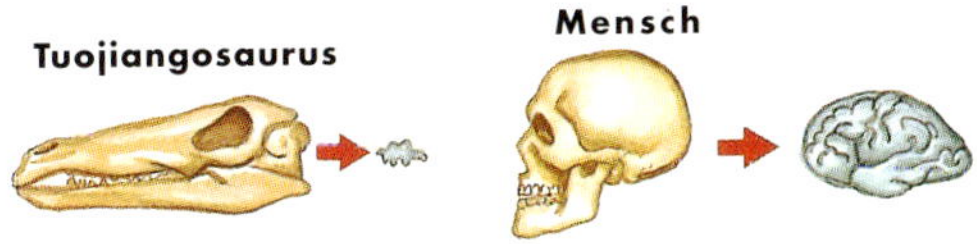

Das Gehirn des chinesischen Stegosauriers Tuojiangosaurus wog nur 70 – 80 g.

F Wie groß war das Gehirn der Dinosaurier?

A Das Gehirn der Dinosaurier war für Reptilien ziemlich groß. *Tyrannosaurus* besaß vielleicht das größte Gehirn überhaupt. Das Gehirn der Stegosauria war mit der Größe einer Walnuss wahrscheinlich das kleinste.

F Wie misst man die Größe eines Dinosaurierhirns?

A Wenn Schlamm den Schädel eines toten Dinosauriers umhüllte, füllte er manchmal auch die Höhlung des Hirns. Das Ergebnis war ein fossiles Gehirn. Unterschiedliche Hirnbereiche und knöcherne Durchgänge für die Nerven und Blutgefäße sind noch erkennbar.

F Welcher Dinosaurier war der dümmste?

A Beim Intelligenztest würden die Sauropoda mit ihrem kleinen Gehirn am schlechtesten abschneiden. Aber sie waren doch schlau genug, um 150 Millionen Jahre lang zu überleben.

F Hatten die riesigen Sauropoda auch riesige Gehirne?

A Das Gehirn wächst nicht automatisch im Verhältnis zur Körpergröße. Es hängt davon ab, was die Dinosaurier taten. Je aktiver sie waren, desto größer musste das Gehirn sein, um schnelle Reaktionen zu entwickeln.

F Haben heutige Reptilien ein großes Gehirn?

A Das Hirn von Krokodilen und Alligatoren ist im Durchschnitt etwa gleich groß wie das von Dinosauriern ähnlicher Größe. Säugetiere haben ein zehnmal größeres Gehirn als Reptilien.

Einige Forscher glauben, dass bei Sauropoda wie Barosaurus bis zu acht Herzen das Blut in den langen Hals gepumpt haben.

Wie sah es im Körper aus?

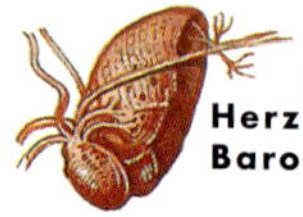

das Herz ein Barosau

Das Fleisch und die Organe aller Lebewesen verrotten nach deren Tod. Deshalb können sich die Forscher nur vorstellen, wie der Körper der Dinosaurier funktionierte.

F Hatten Dinosaurier Blut?

A Ja. Auch Dinosaurier brauchten Blut, damit Sauerstoff, Wärme und Nährstoffe durch ihren Körper transportiert werden konnten. Ihr Blut war wohl unserem Blut sehr ähnlich. Die größten Dinosaurier müssen riesige Herzen gehabt haben. Sie pumpten das Blut in ihren Kopf, der 25 m vom Boden entfernt war.

Barosaurus

F Wie hoch war die normale Körpertemperatur eines Dinosauriers?

A Das werden wir nie sicher wissen. Reptilien von heute leben meistens in warmem Klima. Sie halten ihre Körper durch Sonnenbäder warm. Bei kaltem Wetter bewegen sie sich kaum. Der Körper von Säugetieren und Vögeln produziert Wärme aus der aufgenommenen Nahrung. Wenn also die Dinosaurier so aktiv waren, wie wir denken, dann wird es bei ihnen auch so gewesen sein, dass sie ihre Körper durch die Nahrungsaufnahme erhitzten.

F Enthalten fossile Knochen fossiles Blut?

A Blut kann nicht fossil werden, dafür aber knöcherne Durchgänge für Blutgefäße. Mikroskopische Untersuchungen von Dinosaurierknochen zeigen, dass sie eher heutigen gleichwarmen Säugetieren ähneln als den so genannten wechselwarmen Reptilien. Das würde bedeuten, dass sie viel aktiver sein konnten als ihre lebenden Verwandten.

F Was weiß man über die Muskeln der Dinosaurier?

A Muskeln sind mit Knochen verbunden. Wo die Muskeln ansetzen, tragen die Knochen Kratzer. Die Größe und die Lage dieser Kratzer auf Dinosaurierknochen ermöglichen es den Forschern, die Form von Beinen, Armen, Hüften und Schultern zu bestimmen. Außerdem orientieren sie sich an den heute lebenden Reptilien.

Ouranosaurus trug lange Wirbelfortsätze entlang seiner Wirbelsäule. Diese waren mit Haut bedeckt und sahen aus wie ein Segel. Damit konnte er sich vor der Sonne schützen oder sich von ihr aufwärmen lassen.

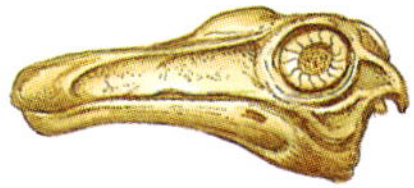

Gallimimus besaß sehr große Augen. Jedes Auge wurde in seiner Augenhöhle von einem knöchernen Ring gestützt.

Ouranosaurus

F Wie groß waren die Ohren der Dinosaurier?

A Es gibt keinen Hinweis darauf, dass Dinosaurier solche Ohren wie Elefanten oder wir selbst hatten. Wie bei den heutigen Reptilien oder Vögeln waren die Ohren der Dinosaurier nur auf der Oberfläche ihres Kopfes erkennbar.

Man geht davon aus, dass die Nasenlöcher der Entenschnabeldinosaurier (Saurolophus) mit aufblasbaren Hauttaschen bedeckt waren. Sie könnten als Warnung für Rivalen oder als Signal für das andere Geschlecht gedient haben.

F Welche Farbe hatten die Augen der Dinosaurier?

A Das werden wir nie wissen, aber die Augen der heutigen Reptilien sind meist hell und gelb. Sie sind nicht von Weiß umgeben wie unsere Iris. Die Forscher erkennen an den Schädeln der Dinosaurier, dass die meisten große Augen hatten und sicherlich gut sehen konnten.

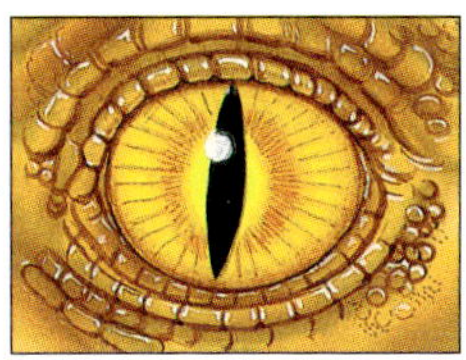

F Wie konnten Dinosaurier riechen?

A Dinosaurier hatten Nasenlöcher zum Atmen. Sie nutzten sie wahrscheinlich auch zum Riechen. Einige Dinosaurier wie *Camarasaurus* besaßen oben auf dem Kopf sehr große Nasenlöcher. Früher glaubten Wissenschaftler, dass die Dinosaurier damit unter Wasser atmen konnten.

Einige Forscher glauben, dass nur zehn Prozent aller Dinosaurierarten als Fossilien gefunden wurden.

Wie findet man Dinosaurier?

Fossilien finden sich in Felsen aus Sand und Schlamm, die von Wind und Wasser geformt wurden. Diese werden Sedimentgestein genannt. Bestimmt man das richtige Alter der Felsen, hat man den Anfang gemacht, um Dinosaurier zu finden.

F **Wie werden Dinosaurier zu Fossilien?**

A

Ein toter Dinosaurier in einem Fluss.

Das Skelett wird unter Schlamm begraben.

Der Schlamm versteinert, Knochen werden fossil.

Nach Millionen Jahren tauchen die Fossilien auf.

F **Wie weiß man, ob ein Felsgestein alt genug ist, um Dinosaurierfossilien zu enthalten?**

A Alle möglichen Pflanzen und Tiere lebten zur Zeit der Dinosaurier: Farne, Schnecken, Süßwasserfische, Schalentiere und sogar Insekten. Ihre Fossilien sind weit häufiger. Erkennt man den richtigen Typ Gestein mit der richtigen Art von Fossilien, könnte man auf dem Weg zu einem Dinosaurier sein.

F **Wie wissen Wissenschaftler, wo sie nach Dinosauriern suchen sollen?**

A Die meisten Fossilien findet man in Felsen, die unter Wasser entstanden sind. Dinosaurier lebten jedoch nur an Land. Deshalb gibt es so wenig Überreste von ihnen. Man findet sie in Felsen in der Nähe von Flüssen, Seen und Küsten.

F **Wo fängt man mit dem Graben an?**

A Fossilien findet man meist dort, wo der Felsen sichtbar ist – an Klippen, Steinbrüchen oder Bergen. Manchmal haben Wind und Regen dafür gesorgt, dass Knochen aus dem Gestein herausragen. *Baryonyx* wurde von einem Mann entdeckt, der nur eine einzelne Klaue in einem Steinbruch fand. Der Rest des Skelettes wurde später von Fachleuten ausgegraben.

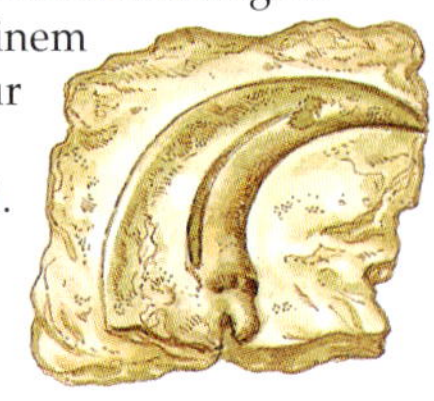

Einige der Dinosaurierfossilien, die man vor mehr als 100 Jahren fand, sind bis heute noch nicht vollständig aus ihrem Felsgestein gelöst worden.

Bevor Dinosaurierknochen vom Ausgrabungsort verschickt werden, umgibt man sie mit gebranntem Gips oder Schaumstoffhüllen, damit sie auf dem Transport zum Labor geschützt sind.

F Wie gräbt man einen Dinosaurier aus?

A Einen Dinosaurier ans Tageslicht zu bringen ist keine leichte Arbeit! Nachdem man ihn gefunden hat, müssen Bagger und Bulldozer manchmal mehrere Tonne Fels weggeschaffen. Danach werden für die Feinarbeiten Hammer und Meißel eingesetzt.

F Was macht man mit einem ausgegrabenen Dinosaurier?

A Knochen können gebrochen sein oder noch in einem Felsen stecken. Man bringt sie in Labors, wo das Gestein vorsichtig mit Spezialwerkzeugen entfernt wird und Brüche repariert werden. Das kann Jahre dauern. Nur wenn die Knochen in einem sehr guten Zustand sind, werden sie zu einem Skelett zusammengesetzt.

F Kann man immer noch Dinosaurier finden?

A Neue Dinosaurierarten werden zwar nur noch selten entdeckt, aber *Baryonyx* z. B. wurde erst 1982 gefunden. In Kanada liegen im Dinosaur Provincial Park Millionen von Dinosaurierknochen verstreut umher. Drei bis vier vollständige Skelette werden jedes Jahr gefunden.

Dinosaurierskelette in Museen sind oft Gipsabdrücke von Knochen. Dinosaurier selbst sind zu wertvoll, als dass man ihre Zerstörung riskieren könnte.

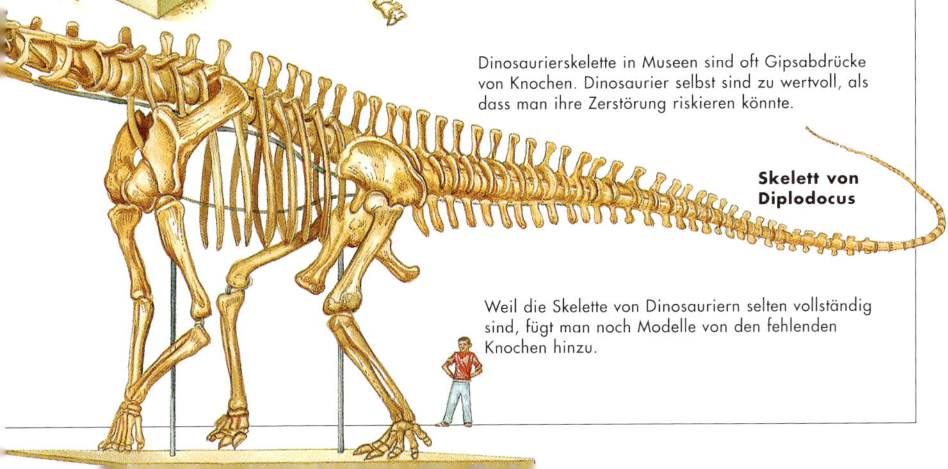

Skelett von Diplodocus

Weil die Skelette von Dinosauriern selten vollständig sind, fügt man noch Modelle von den fehlenden Knochen hinzu.

Wie kann man Experte werden?

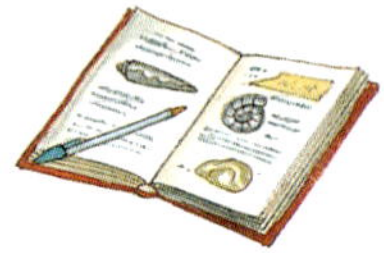

Du kannst Modelle, Spiele und sogar Briefmarken aus der ganzen Welt von Dinosauriern sammeln.

Das Erforschen von Fossilien nennt man Paläontologie (die Lehre von altem Leben). Um Paläontologe zu werden, muss man viele Jahre lang lernen. Aber du kannst auch auf andere Weise zum Dino-Experten werden.

Leg dir ein Heft an, in das du schreibst, wie die Fossilien heißen und was du über sie weißt.

F Welche Schulfächer sind wichtig, um ein Dino-Experte zu werden?

A Alle Fossilien sind die Überreste von Lebewesen, die früher gelebt haben. Biologie ist also wichtig. Mathematik und Deutsch sind immer nützlich und später noch Physik und Chemie.

F Kann man in der Universität etwas über Dinosaurier erfahren?

A Es gibt keine Kurse allein über Dinosaurier. Du kannst aber Geologie studieren. Dann lernst du viel über Felsen, Mineralien und Fossilien und über die Geschichte der Erde. Oder du studierst Zoologie und du lernst die heute lebenden Tiere kennen, bevor du dich auf Dinosaurier spezialisierst.

F Wie kann ich Dinosaurierfossilien finden?

A Für einen Fund braucht man sehr viel Glück. Die häufigsten Dinosaurierfunde sind sicherlich Zähne. Beginne einfach mit der Sammlung von anderen Fossilien, um Erfahrung zu bekommen. In Museen, Buchhandlungen und Bibliotheken gibt es Bücher zu diesem Thema.

Ein Iguanodon aus Belgien wurde 1882 als erstes Dinosaurierskelett zusammengesetzt. Die Knochen hingen mit Stricken von einem Gerüst, sodass sie bewegt werden konnten, bis es richtig aussah. Dann wurden sie von einem Eisenrahmen gestützt.

F **Was brauche ich für meine Suche nach Fossilien?**

A Mit Hammer und Meißel kann man Gestein aufspalten. Man braucht auch Schutzkleidung: Handschuhe, eine Schutzbrille und einen Helm als Kopfschutz, vor allem in der Nähe von Felsvorsprüngen.

F **Was mache ich, wenn ich ein Fossil finde?**

A Entferne das Fossil vorsichtig aus seinem Gestein. Hülle es dann in Küchen- oder Toilettenpapier. Notiere dir, wo und wann du es gefunden hast. Säubere es zu Hause mit einer Bürste und ein wenig Wasser. Ist das Fossil getrocknet, schreibe eine Nummer darauf, die du in deinem Fossilienheft festhältst. Bewahre dein Fossil sicher in einem Sammelkasten auf.

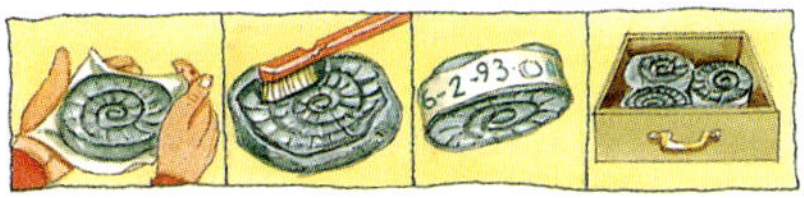

Modellbauer und Künstler müssen eng mit Paläontologen – also Wissenschaftlern, die Fossilien ausgraben – zusammenarbeiten, wenn ihre Modelle und Bilder echt aussehen sollen.

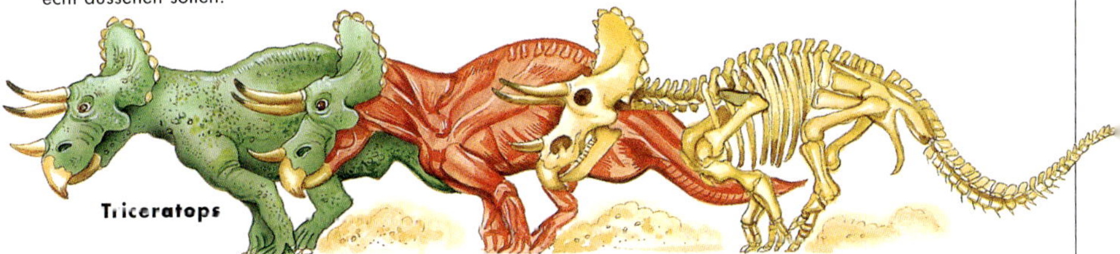

F **Welche Tipps gibt es für die Suche nach Fossilien?**

A Sammle niemals ohne die Erlaubnis des Landbesitzers.

Sammle nie an Klippen oder Wänden von Steinbrüchen. Es ist viel sicherer, an heruntergefallenen Brocken zu arbeiten.

Sei nicht gierig und lasse auch noch etwas für andere übrig.

Ersetze deine schlechteren Fossilien, wenn du bessere Exemplare findest.

F **Wo bekomme ich Hilfe?**

A Besuche das örtliche Museum und frage nach einem Geologen. Wenn du Fossilien gesammelt hast, hilft dir vielleicht jemand, sie zu bestimmen. Vielleicht gibt es eine Gesellschaft für Geologie in deiner Nähe. Unter den Mitgliedern werden begeisterte Sammler sein. Du kannst von ihnen die neuesten Informationen über Dinosaurier bekommen.

Eine bekannte Theorie über den Tod der Dinosaurier ist, dass die Erde von einem Meteoriten, der 100.000 km/h schnell war, getroffen wurde.

Was geschah mit den Sauriern?

Heutzutage gibt es keine Dinosaurier mehr. Es ist eines der großen Geheimnisse in der Naturgeschichte der Erde, warum eine so große Gruppe von Tieren ausstarb.

F Wann starben die Dinosaurier aus?

A Etwa 70 Millionen Jahre alte Felsen auf der ganzen Welt enthalten Fossilien von Dinosauriern. Schon sechs Millionen Jahre später existierte nicht mehr ein einziger Dinosaurier.

F Wer war der letzte lebende Dinosaurier?

A Es ist nicht immer einfach zu sagen, ob Gestein jünger oder älter ist als das an anderen Orten. So kann man nicht sicher sein, ob einige Dinosaurier andere überlebten, die sich tausende Kilometer entfernt befanden. Sicherlich gehörten zu den letzten Dinosauriergruppen *Tyrannosaurus* und *Triceratops*. Eine der Dickkopf-Echsen (Pachycephalosauria) mit dem Namen *Stygimoloch* ist möglicherweise die allerletzte, die überlebte. Von ihr wurden aber nur ein paar Bruchstücke des Schädels gefunden.

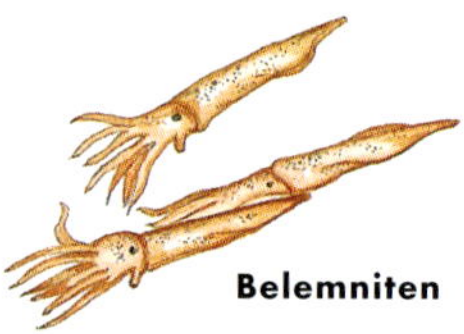

Belemniten

Ammonit

F Was könnte die Ursache für das Aussterben der Dinosaurier sein?

A Hier sind mögliche Erklärungen dafür:

Witzig	Pech	Ernsthaft
Langeweile nach 150 Mio. Jahren.	Neue Pflanzen verursachten Verstopfungen.	Überlebenskampf mit den Säugetieren
Es lebten nur noch Männchen oder Weibchen.	Säugetiere fraßen die Eier.	Das Klima wurde kälter.
Sie rauchten zu viel.	Ein neuer Virus.	Ihre Gehirne wurden kleiner.
Eine neue Käferart fraß alle Blätter auf.	Durch Strahlen verursachte Löcher in der Ozonschicht.	Hohe Temperaturen durch die Explosion eines Meteoriten.

F Wer starb noch mit den Dinosauriern aus?

A Alle großen im Meer lebenden Reptilien und Plesiosaurier verschwanden ebenso wie die Flugechsen. Auch einige Arten von Schalentieren, unter ihnen Ammoniten und Belemniten, und riesige Mengen von mikroskopisch kleinen Meerespflanzen starben aus.

Iridium ist ein häufiger Bestandteil von Meteoriten und wurde weltweit in gleich altem Felsgestein gefunden.

In Mexiko fand man fossile Bäume zusammen mit Gestein vom Meeresboden. Das ist der Hinweis auf gewaltige Flutwellen, die durch einen riesigen Meteoriten verursacht wurden.

F **Wer überlebte das große Sterben?**

A Die Mehrzahl der Pflanzen und Tiere überlebte. Dazu zählten Schlangen, Eidechsen, Krokodile und Landschildkröten. Vögel und frühe Säugetiere überdauerten ebenfalls, genau wie Schalentiere, Korallen, Seesterne, Insekten und Landpflanzen.

Die Landkarte von Mexiko mit dem Gebiet, wo es Auswirkungen des Meteoriten gab.

F **Was ist für Forscher die Ursache für das Aussterben der Dinosaurier?**

A Die meisten Wissenschaftler stimmen heute überein, dass der Tod der Dinosaurier und der anderen Lebewesen zwei Gründe hat. Zum einen hatte sich das Klima allmählich abgekühlt. Zum anderen

passierte vor etwa 64 Millionen Jahren irgendeine Katastrophe. Einige Leute glauben an die Theorie des Meteoriteneinschlags.

F **Wie konnte ein Meteorit so großen Schaden anrichten?**

A Ein großer Meteorit würde beim Auftreffen auf die Erde eine gewaltige Staubwolke aufwirbeln. Das Sonnenlicht würde für Monate oder sogar für Jahre verdunkelt werden. Pflanzen und Tiere, wie die Dinosaurier, würden dadurch sterben.

F **Gibt es doch noch irgendwo auf der Erde Dinosaurier?**

A Obwohl es viele Geschichten und Legenden gibt, glaubt niemand ernsthaft daran, dass selbst ein kleiner Dinosaurier hätte unentdeckt bleiben können. Aber ihre Nachfahren sind noch immer unter uns: die Vögel.

Register